LES
FILLES DES CHAMPS

VAUDEVILLE EN UN ACTE

PAR

MM. SIRAUDIN ET BOURDOIS

Représenté pour la première fois, à Paris, sur le théâtre des Variétés,
le 12 janvier 1856.

PARIS

MICHEL LÉVY FRÈRES, LIBRAIRES-ÉDITEURS
RUE VIVIENNE, 2 bis
—
1856

Distribution de la Pièce.

TAUPIN, fermier.................	MM. F. Heuzey.
ANATOLE, parisien...............	Charles Potier.
LALOUETTE, garde champêtre.....	Delière.
PATOULET, son filleul et garçon de ferme.................	Rolland.
PIVOINE, } nièces de Taupin.......	Mlles Virginie Duclay.
JEANNE, }	Gennetier.

La scène se passe dans le Berry.

Toutes les indications sont prises de la gauche et de la droite du spectateur. — Les personnages sont inscrits en tête des scènes dans l'ordre qu'ils occupent au théâtre. Les changements de position sont indiqués par des renvois au bas des pages.

LES FILLES DES CHAMPS

Le théâtre représente la cour d'une ferme; à droite et à gauche sont deux corps de logis; au troisième plan, une petite palissade à hauteur d'appui, au milieu de laquelle est une porte; au delà la campagne; à droite, une petite colline; à gauche, contre la maison, des bottes de foin en tas; à côté, une faux. A droite, adossé à la maison, un banc de pierre.

SCÈNE PREMIÈRE.

PATOULET, puis PIVOINE.

PATOULET, entrant par le fond, à gauche, à pas de loup, avec un pot de fleurs dans les bras; il s'arrête sous la fenêtre de Pivoine, qui est au premier étage du corps de logis de droite.)

C'est aujourd'hui sa fête... je veux être le premier à lui offrir un pot... (Appelant.) Pivoine!... (Plus fort.) Pivoine!...

PIVOINE, se montrant à sa fenêtre [*].

C'est vous, Patoulet? chut!... voulez-vous bien ne pas beugler comme ça?...

PATOULET.

Je ne beugle pas, mam'zelle Pivoine... Je vous offre mes giroflées dans un pot.

PIVOINE.

Oui? Eh bien! faut remporter votr' pot... et vos giroflées avec...

PATOULET.

Ah! bah! vous ne m'aimez donc plus?

PIVOINE.

Je ne dis pas ça, mon pauv' Patoulet, mais faut plus traîner vos sabots dans not' ferme.

PATOULET.

Mais quoi qu'y a donc? quoi qu'y a donc?...

PIVOINE.

Je vas vous conter ça...

PATOULET.

Je prête l'oreille.

PIVOINE, à part, regardant vers la gauche.

Ciel! mon oncle!... (Elle disparaît.)

PATOULET, sans s'apercevoir qu'elle n'est plus là.

Parlez, Pivoine, je suis prêt à recevoir votre confidence. (Taupin vient du corps de logis à gauche.)

[*] Pat. Piv.

SCÈNE II.

TAUPIN, PATOULET, puis LALOUETTE.

TAUPIN, lui allongeant un coup de pied dans le derrière.

Tiens !... voilà c' que j'ai à te confier.

PATOULET, se retournant.

Oh !

TAUPIN, lui donnant un second coup de pied.

Attrape !

PATOULET, tenant le pied du père Taupin.

L' père Taupin !

TAUPIN.

Veux-tu me lâcher le pied !

PATOULET.

Mais faudrait pas vous mettre sur celui de me traiter comme ça.

TAUPIN.

Veux-tu bien me lâcher ? (Patoulet le lâche.)

LALOUETTE, entrant par le fond, à gauche ; il a un fusil en bandoulière*.

Quoi qu'y a donc ?... on se dispute ici ? quoi qu'y a ?... (Patoulet dépose son pot de fleurs sur un banc à droite.)

TAUPIN.

Il y a que je lui défendons de roucouler pour ma nièce.

LALOUETTE.

Comment ! vous qui consentiez à être son oncle !

TAUPIN.

C'est possible, mais je ne sommes plus cousins ; qu'il s'en aille ou je sors des gonds.

PATOULET.

N' vous montez pas, j' m'en vas pour ne pas vous irriter ; mais vous n'êtes qu'une vieille cruche.

TAUPIN, le menaçant.

Malheureux ! (Lalouette le retient.)

PATOULET, à Lalouette.

Mon parrain, je vous nomme le défenseur de l'orphelin.

LALOUETTE.

Sois tranquille, j' vas arranger ça.

ENSEMBLE.

Air : *Approchez tous, venez m'entendre.* (Philtre.)

TAUPIN ET LALOUETTE, à Patoulet.

Va-t-en vite et crains ma/sa colère ;

Charbonnier est maître chez lui,

De ma/sa nièce je suis/il se croit le père,

* Tau. Lal. Pat.

Et je veux
Il prétend   } commander ici.

PATOULET, à Taupin.

Je me moque de vot' colère ;
Charbonnier est maître chez lui,
Mais de vot' nièc' vous n'êt's pas l' père,
Et j'ai l' droit de r'venir ici.

(Patoulet sort par le fond à gauche.)

SCÈNE III.

TAUPIN, LALOUETTE.

LALOUETTE, après avoir posé son fusil au fond.

A c'tte heure qu'il est parti, père Taupin, expliquons-nous, le cœur sur la main...

TAUPIN.

C'est ça, père Lalouette, entre honnêtes gens, faut pas ruser. — V'là donc c' que c'est : il y a quinze jours, il me tombe un monsieur d' Paris qui m' demande à se mettre en pension chez moi pour apprendre à être paysan.

LALOUETTE.

V'là qu' est cocasse !...

TAUPIN.

J'en ons assez d' la ville, qu'y m' dit ; j' veux t'être villageois, c'est dans les champs qu'est l' bonheur !... Il me conte ses petites affaires, et j'apprends que le gaillard possède, bel et bien, huit bonnes mille livres de rentes.

LALOUETTE.

Bigre !

TAUPIN.

Vous comprenez que ça me fait ouvrir l'œil, et je me dis : ça ferait un fameux parti pour Pivoine.

LALOUETTE.

Ah !... v'là que ça se débarbouille !...

TAUPIN.

Et bientôt, qu'est-ce que je remarque ?... c'est qu'il tournaille autour de la petite, en lui faisant des yeux de carpe. Je tiens mon affaire, que je me dis ; faut pousser à la roue ; et pour qu'il n'y ait rien qu'empêche ce mariage-là de se faire, j'flanque vot' fillot à la porte, et voilà !

LALOUETTE.

A c'tte heure, j' comprenons, père Taupin.

TAUPIN.

Faut savoir profiter de la circonstance, pas vrai ! et quand on tient quéque chose dans la main, faut pas t'être assez bête pour le jeter à ses pieds.

LALOUETTE.

Ben sûr !... et je n'ons rien à répliquer, c'est une bonne affaire

qui vous tombe-là !... vous avez raison... mais si l' Parisien vé-
niont à apprendre que Pivoine a roucoulé avec mon fillot ?...

TAUPIN.

Ça gâterait tout !

LALOUETTE.

Et s'il saviont qu'avant mon fillot, elle aviont déjà roucoulé
avec Nicolas ?...

TAUPIN.

Chut !... voulez-vous bien vous taire !... puisqu'il dit qu' c'est
aux champs qu'est le bonheur, faut pas le détromper...

LALOUETTE.

Soyez tranquille, père Taupin, c'est pas moi que je jaserons...
seulement faut empêcher Patoulet de recommencer sa chanson
avec vot' petite ; il s'introduit toujours dans vot' verger par vot'
champ de luzerne, qui sépare nos deux maisons...

TAUPIN.

Eh ben ?

LALOUETTE.

Eh ben ! père Taupin, si j'avions tant seulement ce petit lopin
de terre-là, j'y ferions une belle et bonne clôture que Patoulet
n'y pourriont plus passer.

TAUPIN, à part.

Ah ! bon ! je le vois venir, le vieux gredin.

LALOUETTE.

Baillez-moi vot' champ de luzerne et vous pourrez dormir sur
vos deux oreilles.

TAUPIN.

A mon tour j' comprends, père Lalouette ; (à part.) si je refuse,
il peut déranger tous mes projets.

LALOUETTE.

Vous allez t'être riche, faut qu'chacun trouve son affaire...
faut profiter de la circonstance, pas vrai ?... et quand on tient
quéque chose dans la main, faut pas t'être assez bête pour le
jeter à ses pieds !...

TAUPIN.

Je n'ons rien à répliquer.

LALOUETTE.

Ça y est ?... tapez là-dedans ! (Ils se donnent la main.)

TAUPIN.

Allons-y, voisin... (à part.) Quelle vieille canaille !...

LALOUETTE.

Air de *Tambour battant.*

En vidant bouteille,
Signons cet écrit.

TAUPIN.

Le vin nous conseille,

Tenons-en profit.

(Labonette reprend son fusil.)

REPRISE ENSEMBLE.

En vidant bouteille, etc.

(Taupin et Labonette sortent par le deuxième plan à gauche. — On voit alors arriver par la colline Anatole, en costume de berger, avec une houlette. — Il porte une musette, sur laquelle il joue la ritournelle de l'air suivant. Il a à sa ceinture un bouquet de bluets et de coquelicots. Il entre par le fond, s'arrête sous la fenêtre de Pivoine et chante.)

SCÈNE IV.

ANATOLE, seul.

Air de *Mimi Pinson.*

J'ai quitté la verte prairie,
J'ai laissé là mes moutons blancs,
Pour t'offrir, ô ma douce amie,
Ces fleurs qui naissent dans les champs ;
Quand je demande ma bergère
Aux tendres échos d'alentour,
Pivoine, que ta voix légère
Réponde à mon doux chant d'amour !
Réponds à mon doux chant d'amour !

(Il joue la ritournelle sur sa musette.) Pas de réponse ! Elle repose sans doute !... (Il va poser sa houlette et sa musette sur le tas de foin, à gauche.) Mon anecdote est bien simple : clerc de notaire à Béziers, j'hérite de dix mille livres de rentes et j'arrive à Paris, plein d'illusions et d'ivresse. — Je dîne à la Maison d'Or, je me flanque une indigestion ; je vais danser à Mabille avec les nymphes de ce lieu ; je polke inconsidérément, et j'attrape une fluxion de poitrine. — Je recherchai alors des plaisirs plus tranquilles et je rencontrai une jeune rentière qui me plut, à qui je plus et qui me plut... ma pas mal de billets de mille... Je me retournai du côté d'une veuve du faubourg Saint-Germain, qui me fit gober un faux veuvage, un faux titre et de fausses rentes... J'allais convoler quand un de mes amis m'éclaira sur cette entreprise... Il y a toujours des gens qui se mêlent de ce qui ne les regarde pas... et c'est fort heureux... Enfin, un beau jour, c'était une nuit, au bal de l'Opéra, je rencontre une femme taillée comme une sylphide... elle avait un loup et moi un faux nez... Je lui offre une glace, elle accepte ; je lui dédie un bâton de sucre de pomme, elle le croque... — Je lui propose alors un cachemire Biétry ? A ce mot elle m'envoie une gifle, en me répliquant : — Voici mon adresse !... et elle se perd dans la foule. — Je tiens une vertu, m'écriai-je ! et je m'élançais sur ses traces, quand mon ami, celui qui se mêle de tout... et c'est fort heureux... me retint en me disant : elle est scandalisée, parce que vous ne lui

avez pas offert un cachemire des Indes! O femmes!... femmes!...
je dis adieu aux robes de moire antique, aux chapeaux à plu-
mes!... — Arrière, femmes des villes qui vivez dans le cachemire et dans le mensonge!... arrière, filles de marbre!... sy-
rènes du château d'Asnières et du bois de Boulogne!... Place!
place aux filles des champs qui portent des sabots!... Et voilà
pourquoi je suis venu vivre dans le Berry!... Déjà mon cœur est
touché par un jupon court, un bavolet et des bas bleus... qui
répondent au nom de Pivoine... et je viens lui offrir un bouquet
de bluets et de coquelicots cueillis dans les blés, ce qui ne coûte
pas vingt francs comme chez madame Prévost! — Charmons
son réveil par les accords de cet instrument primitif. (Il reprend
sa musette et joue un air.)

SCÈNE VI.

ANATOLE, PIVOINE.

PIVOINE, sortant du corps de logis à droite.

Quoi que c'est donc ce train-là?... Comment, c'est vous
M. Anatole qui tapagez comme ça?

ANATOLE.

Si j'ai joué fortissimo, ô belle Pivoine! c'était pour hâter votre
venue, et pour vous offrir ces fleurs encore humides des larmes
de l'aurore. (Il lui offre le bouquet.)

PIVOINE, prenant le bouquet.

Quoi que ça veut dire?

ANATOLE, à part, allant remettre sa musette sur les foins.

C'est juste!... parlons-lui berrichon... le langage maternel...
(Haut.) Différemment, mam'zelle, si je vous demandais même-
ment, la permettance de vous dire quelques folletés ou trigau-
deries....

PIVOINE.

Hein?

ANATOLE.

Différemment depuis que j'ai pris mon accoutumance dans
ce pays, je bourine à la parfin, d'être à votre plaisance...

PIVOINE.

Quoi?

ANATOLE.

Si vous m'accordez la dédommageance de mes bons compor-
tements, je deviendrai pour vous un fafiot plein d'attachance!...

PIVOINE, à elle-même.

Ah! ça! quoi qu'il me chante là?... (Haut.) Mais je ne vous
comprenons plus du tout.

ANATOLE.

Cependant, je vous parle berrichon... la langue de votre pays...
quoi?

PIVOINE.

Ça! du berrichon!... c'est du baragouin!

ANATOLE, à part.

Ah! bon!... mais alors... George Sand m'a trompé... et moi qui ai appris *le Champi* par cœur, et qui ai vu les *Saisons* à l'Opéra-Comique, pour savoir le berrichon!... O les auteurs,... les auteurs!... (Haut.) Adorable Pivoine, c'est l'amour qui me fait perdre la tête !

PIVOINE.

Eh bien ! si ça vous fesont cet effet-là, faut pas en avoir alors.

ANATOLE.

Quelle naïveté !...

Air : *Quand les oiseaux du voisinage.*

ANATOLE.
N'aimez-vous rien dans ce village?
PIVOINE.
J'aimons nos bœufs et nos moutons.
ANATOLE.
Mais n'aimez-vous rien davantage?
PIVOINE.
J' crois que j' préférons nos dindons...
ANATOLE.
Qu'aimez-vous encor, ma chère?
PIVOINE.
J'aim' Martin...
ANATOLE.
       Est-ce le nom
De quelque berger?
PIVOINE.
         Oh! non!
ANATOLE.
Expliquez-moi ce mystère...,
Ce Martin que l'on préfère,
Qu'est-ce donc?
PIVOINE.
      C'est notre ânon.
ANATOLE.
Ah! c'est charmant! je sais le nom
De mon rival... c'est un ânon!
Pour rival j'avais un ânon!

DEUXIÈME COUPLET.

Lorsque tous deux, en tête-à-tête,
Nous avons un doux entretien ;
Dans ton cœur, ô ma bergerette,
En secret n'éprouves-tu rien?
PIVOINE.
Si fait! c'est comme à la fête,
Quand j'ons mangé trop d' galette!
Ça m'étouffons là dedans,

ANATOLE.

Ah ! mon ivresse est complète !
J' lui fais l'effet d' la galette !
Innocence, tu n'es qu'aux champs !

PIVOINE.

Oui, ça m'étouffe là dedans.

ANATOLE.

Pour être heureux, vivent les champs !
Innocence, tu n'es qu'aux champs !

ANATOLE.

Je suis transporté ! Oui, je t'aime, je t'adore, et pour tant d'amour, ô Pivoine, accorde-moi un baiser... (Il s'approche d'elle.)

PIVOINE, lui échappant et passant à gauche.

Un baiser... comme vous y allez *.

Air de *La Demoiselle au bal.* (Amédée de Beauplan.)

Non, pas d' ça, Nicolas,
C' baiser, vous n' l'aurez pas,
Et vous aurez beau faire...

ANATOLE.

Puisqu'il en est ainsi,
Je te préviens qu'ici
Je le prendrai, ma chère !
Sur ton minois,
Cette fleur que je vois,
Je la cueille d'emblée !

PIVOINE.

Beau séducteur,
Puisqu'il vous faut un' fleur,
Prenez c'te giroflée !

(Elle lui donne un soufflet et passe à droite.)

REPRISE ENSEMBLE

ANATOLE **.

Pristi ! ça n' badine pas ;
Mais je suivrai tes pas ;
Je serai téméraire !
Puisqu'il en est ainsi,
Je te préviens qu'ici
Je le prendrai, ma chère.

PIVOINE.

Non, pas d'ça, Nicolas !
C' baiser, vous ne l'aurez pas,
Et vous aurez beau faire ;
De c' désir là, jarni,
Il faut, mon cher ami,
Au plus tôt vous défaire.

* Piv. Ana.
** Ana. Piv.

(Pendant cette reprise, Anatole poursuit Pivoine, qui se sauve par le deuxième plan à droite. — Elle reparaît aussitôt au fond et, sans être vue d'Anatole, se cache derrière un petit taillis ; Anatole, ne la voyant plus, sort en courant par le fond à gauche. — Taupin, pendant ce jeu de scène, est sorti du corps de logis à gauche, et a tout observé d'un air satisfait.)

SCÈNE VII.

TAUPIN, PIVOINE.

TAUPIN, à part, se frottant les mains.

Bravo!... il paraît que ça chauffe par ici !...

PIVOINE, sortant de derrière le taillis.

Oui, cours, va... attrape ton baiser, si tu peux... (Elle rentre en scène par le fond.)

TAUPIN.

Ah! te voilà, fillette?... Eh ben! t'étais avec le Parisien?

PIVOINE.

Oui, mon oncle.

TAUPIN.

Et ça va-t-il?

PIVOINE.

Mais oui ; je crois que ça mord.

TAUPIN.

Très-bien !

PIVOINE.

Tout à l'heure il a voulu m'embrasser.

TAUPIN.

A merveille !

PIVOINE.

Mais je m'en sommes ensauvée.

TAUPIN.

T'as bien fait... cependant faut pas l' désespérer ce jeune homme... quand on n' veut pas qu'un oiseau s'envole, faut le tenir par la patte... et quand tu laisserais prendre un p'tit baiser, il y aurait pas grand mal...

PIVOINE.

Vous croyez?

TAUPIN.

Tu comprends qu'il faut pas laisser échapper ce parti-là... t'aura des rentes... et des belles robes.

PIVOINE.

Et des bonnets plus beaux que ceux de la fille de l'adjoint?

TAUPIN.

Et des bonnets plus beaux que ceux de la fille de l'adjoint !... tu les dégotteras toutes!

ANATOLE, appelant en dehors.

Pivoine! Pivoine!

TAUPIN.

Mais le v'là; v'a-t-en !

PIVOINE.

Oui, mon oncle. (Elle entre dans le corps de logis, à droite.)

SCÈNE VIII.

ANATOLE, TAUPIN.

ANATOLE, à part, accourant par le fond, à gauche.

Impossible de la rejoindre... elle court comme une biche. (Se heurtant contre Taupin.) Oh! son oncle!...

TAUPIN.

Ah! c'est vous, M. Anatole? Eh ben!

ANATOLE, tout essouflé.

Comme vous voyez, père Taupin, ça boulotte...

TAUPIN.

Vous v'nez d'avec vos moutons?

ANATOLE.

Oui, je les ai menés paître... nous avons paissé... (A part.) Dit-on paissé?... ah! bah!... (Haut.) Nous avons paissé ensemble... mais c'est pas d'eux que j' voudrais vous entretenir...

TAUPIN.

Et de quoi donc?

ANATOLE, ôtant son chapeau.

Mon cher monsieur Taupin, avec un homme aussi vénérable que vous, d'un caractère aussi antique, d'une vertu aussi champêtre, je vais droit au but, et je viens vous confier le secret de mon cœur.

TAUPIN.

Un secret?... quoi qu'il y a, jeune homme?

ANATOLE, tortillant son chapeau dans ses mains.

Je me suis énamouré de votre nièce Pivoine... et je vous demande la permission de lui conter fleurette à la veillée...

TAUPIN, jouant l'étonnement.

Ah! bah! vous voulez épouser ma nièce, vous?...

ANATOLE.

Moi-même, et je ne vous l'envoie pas dire.

TAUPIN.

Eh ben! en v'là une découverte!... Comment? comment? comment? comment?

ANATOLE.

Oui, honnête laboureur... je veux être votre neveu... afin de vous chérir comme un père.

TAUPIN.

Les bras m'en tombent... Comment, vous pensiez à la petiote?... Si je m'aurais jamais attendu que vous aureriez des idées de dessur elle...

ANATOLE, tortillant toujours son chapeau.

J'attends la réponse, père Taupin...

TAUPIN.

La réponse, mon garçon? c'est pas moi qui peut la rendre... faut que je consultons la petiote.

ANATOLE.

Oh! j'espère que la consultation me sera favorable.

TAUPIN.

Moi, j'aimerons qui elle aimera; d'abord... que c'tte chère enfant soit heureuse, et je n'aurons plus à demander au ciel qu'à clore ma paupière... et à faire d'excellentes récoltes. (Il tire son mouchoir.)

ANATOLE, tirant aussi le sien.

Père Taupin!.. j'oserai presque dire mon oncle, vous m'attendrissez! (Taupin se mouche, Anatole en fait autant.)

TAUPIN.

Laissez-moi, mon ami, pour que je jasions avec la petite.

ANATOLE.

Et me faudra-t-il attendre... beaucoup?

TAUPIN.

Non!... Rien qu'un peu, mon neveu.

ANATOLE, transporté.

Son neveu!... Ah! ce dernier mot me jubile! (Allant reprendre sa houlette.) Je retourne à mes moûtons... (A part.) Trouvez donc dans les villes des vertus de ce numéro-là!... c'est un paysan de la première catégorie!... (Haut, et venant serrer la main de Taupin.) Hâtez-vous, père Taupin... mon bonheur est entre vos mains... (Il cherche une autre phrase et redit:) Mon bonheur est entre vos mains! (Il sort par le fond, à droite, et disparaît par la colline.)

TAUPIN, seul.

Et allez donc!... le tour est fait!

Air : *Les cinq codes que je me flatte.*

Il est naïf à manger d' l'herbe!...
Le v'là pris dans le trébuchet...
Ma nièc' fait un mariag' superbe
Et moi j'y trouv' mon intérêt.
Les gens d' la vill', c'est leur usage,
Nous regardent comme des dindons...
Mais, quand ils viennent au village,
Nous les traitons comm' des pigeons.
Oui, quand ils viennent au village,
Nous les plumons comm' des pigeons.

(On entend le bruit d'une carriole. — Remontant et allant regarder au fond à gauche.)

Tiens! qu'est-ce que c'est que ça qui nous arrive?... Une carriole?... (Entrent par le fond, à gauche, Jeanne, Pivoine et Lalouette.)

SCÈNE IX.

LALOUETTE, sans son fusil. PIVOINE, JEANNE, TAUPIN.

ENSEMBLE.

Air : *Ronde des Porcherons.*

Me
La   voici de retour!...
Salut!.. verte prairie!
Salut à notre amie!
Combien avec amour
Je revois
Ell' revoit   ce séjour!
On ne peut, sans plaisir,
Trouver ce souvenir...
Pour moi
Pour ell'   quel souvenir!...

(Jeanne porte plusieurs petits paquets.)

TAUPIN, qui a embrassé Jeanne.

Comment !... c'est Jeanne ?...

PIVOINE.

Cette chère cousine!... oh! je l'ons reconnue de loin quand elle a sauté à bas de la carriole, quoiqu'il y ait longtemps qu'elle ne soit revenue au pays.

JEANNE.

Je crois bien! voilà bientôt quatre ans; aussi, il me tardait de vous voir tous, et j'ai saisi l'occasion de la morte-saison pour venir vous embrasser.

TAUPIN.

La morte-saison ?...

JEANNE.

Ah! c'est que vous ne savez pas, je suis établie couturière dans un beau quartier de Paris.

PIVOINE.

Oui dà ?... et t' es contente ? heureuse ?

TAUPIN.

Et fais-tu de bonnes affaires ?

JEANNE.

Mais oui, mon oncle; ça va bien.

LALOUETTE.

On le devine à sa belle toilette... Dire que j'ai vu ça toute petite, et avec des sabots !

JEANNE.

Ce qui prouve, père Lalouette, qu'avec du travail et de l'ordre, on arrive à tout.

PIVOINE.

Donne donc que je te débarrassions de tes paquets...

JEANNE.

Oh! mes paquets sont dans la carriole; —ça c'est pour vous.

PIVOINE, TAUPIN, LALOUETTE, empressés.

Pour nous?...

JEANNE, donnant à Taupin deux paquets.

D'abord pour mon oncle un beau gilet en velours et une belle cravate que j'ai brodée moi-même ; j'espère qu'on lui en fera compliment à la fête du pays.

TAUPIN.

Merci, ma fille, merci !

JEANNE, donnant à Pivoine une petite boîte et un paquet.

Pour ma cousine, un joli fichu de dentelle et une petite croix en or.

PIVOINE.

Oh ! que c'est gentil de ta part !

JEANNE, allant à Lalouette *.

Et je n'ai pas oublié non plus le père Lalouette, que je faisais tant enrager quand j'étais toute petite, et qui me hissait dans les cerisiers pour que je cueille des fruits...

LALOUETTE.

Il y a quelque chose pour moi aussi ?

JEANNE, lui donnant un petit paquet.

Une belle pipe garnie en argent pour fumer le dimanche.

LALOUETTE.

Oh ! merci, mam'zelle ; je la nommerai Jeanne, c'te pipe, et vous serez bien vite culottée, allez !

TAUPIN, bas à Pivoine.

Puisqu'elle fait de si bonnes affaires, elle aurait bien pu nous apporter davantage.

LALOUETTE.

Et moi qui oublions de faire dételer la carriole qui vous a amenée du chemin de fer... j'y cours. (Il sort par le fond, à gauche.)

PIVOINE, à Jeanne **.

Ah ! çà ! tu vas rester quelque temps avec nous, n'est-ce pas ?

JEANNE.

Mais certainement !

TAUPIN, bas à Pivoine, en la tirant par sa robe.

Est-ce que tu y penses?... et le Parisien qui la verrait

PIVOINE, bas.

Eh ben ! mon oncle?...

TAUPIN, bas.

Tu sais ben que ça l'offusquerait, avec ses idées?...

JEANNE.

Qu'avez-vous donc à vous parler tout bas ?... est-ce que je vous gêne ?

PIVOINE.

Par exemple!... quelle idée !...

* Lal. Jean. Piv. Tau.
** Jean. Piv. Tau.

JEANNE.

Mais je vous trouve l'air tout drôle.

TAUPIN[*], passant près de Jeanne.

Tu ne nous gênes pas, ma fille, mais seulement je vas te dire...

JEANNE.

Quoi?...

TAUPIN.

Eh ben!... y a ici un monsieur de la ville, qui est venu tout exprès dans c'village pour s'en sauver des femmes qui portent de belles robes et de beaux chapeaux.

JEANNE.

Eh bien!... ce monsieur ira plus loin.

TAUPIN.

Ah! ben oui!... mais... c'est que je vas te dire... il en tient pour ta cousine Pivoine.

JEANNE, à Pivoine, en passant près d'elle[**].

Tiens! tu m'avais écrit que Patoulet était ton promis.

PIVOINE.

Patoulet?

TAUPIN, vivement.

Oh! il n'est plus question de Patoulet, mais du Parisien... et s'il te voyait ici... ça pourrait l'effaroucher.

JEANNE.

Il est donc bien sauvage, ce bel oiseau?

PIVOINE.

C'est pas ça... mais c'est que nous autres, dans la campagne, nous sommes tous à la bonne franquette,... en robes de toile... et pas coquettes.

JEANNE.

Ah! vraiment?...

TAUPIN.

Et puis qu'on est sage, à la campagne...

JEANNE.

Ah! çà, dites donc, mon oncle, est-ce que vous croyez que parce qu'on est à Paris, on ne peut pas être honnête?

TAUPIN.

Ne te fâche pas, ma fille; ce n'est pas pour toi ce que j'en dis... mais puisque ce jeune homme a ces idées-là... tu ne voudrais pas faire manquer le mariage de ta cousine?...

JEANNE.

Dieu m'en garde!... Alors je m'en vais, mon oncle... Dites au père Lalouette de ne pas faire dételer...

PIVOINE.

Une idée!... si ma cousine consentait à mettre une de mes robes...

* Jean. Tau. Piv.
** Tau. Piv. Jean.

JEANNE.

S'il ne faut que ça pour rester avec vous, je consens, de grand
cœur, à me refaire paysanne... ça me rappellera mon enfance.

TAUPIN.

Comme ça tout peut s'arranger...

PIVOINE.

Viens dans ma chambre, cousine, j'allons te donner tout ce
qu'il te faut. (Elle se dirige avec Jeanne vers la droite.)

TAUPIN*, arrêtant Pivoine et la faisant passer à sa droite.

Non pas!... elle trouvera bien ça elle-même!... t'as besoin de
rester ici pour attendre ton futur, qui va venir. (Bas à Pivoine.) Il
m'a fait sa demande ; tout va bien ; je vais te le pousser... faut
battre le fer pendant qu'il est chaud

JEANNE, à part.

Il se passe quelque chose, bien sûr.

ENSEMBLE.

Air : *Du naufrage de la Méduse*. (Pilat.)

« C'est un moyen trompeur,
« Mais il faut user de prudence ;
« Et faisons diligence ,
« Car il s'agit de $\frac{mon}{ton}$ bonheur.

(Taupin sort par le fond à droite, en montant la colline. — Jeanne entre dans
la maison à droite.)

SCÈNE V.

PIVOINE, puis PATOULET.

PIVOINE , seule.

Attendons mon futur... Mon futur!... il n'est pas beau... il
n'est pas finot non plus... et bien sûr j'aurais eu d' la préfé-
rence pour Patoulet... mais, dam, pourquoi qu'il n'a rien?

Air : *Faut l'oublier*.

Faut l'oublier, puisqu'en mariage
L' Parisien m'offront des écus...
Décidons-nous, n' balançons plus ;
Il faut des gros sous en ménage.
Avec l'un je pourrai briller,
Faire enrager chaque voisine!...
Et Patoulet, pour se marier,
N'a qu' ses sabots et sa débine...
Faut l'oublier!   (*bis.*)
Je n' veux pas vivr' dans la débine...
Faut l'oublier!   (*bis.*)

(Voyant Patoulet qui entre par le fond à gauche d'un air sombre et en
marchant à grands pas.) Patoulet!...

* Pivoine. Taupin. Jeanne.

PATOULET*.

Mam'zelle Pivoine, je ne vous dis pas bonjour!... (Il passe à gauche.)

PIVOINE**.

Quoi que vous avez donc?

PATOULET.

Je n'ai rien, ne me dites rien, je ne vous demande rien. (Il passe à droite.)

PIVOINE***.

Est-ce qu'on vous a dit...

PATOULET.

Tout!... je sais tout; mon parrain m'a enfin dévoilé le Parisien... Oh! l'Parisien!

PIVOINE.

Alors je n'ons plus rien à vous apprendre; que voulez-vous, mon pauvre Patoulet, comme dit mon oncle, c'est un mariage de raison.

PATOULET.

C'est une mauvaise raison; et c'est t'hideux!... Vous me faisiez donc des menteries quand vous m'disiez que j'étais t'à vot' goût?

PIVOINE.

Non! mais faut ben que j'obéissions à mon oncle.

PATOULET.

Oui? eh bien! adieu!... Mam'zelle Pivoine, vous serez cause de quelque grande catastrophe. (Il remonte.)

PIVOINE, courant à lui.

Quoi que vous voulez dire?

PATOULET, la ramenant sur le devant.

J'ai fait choix de mon genre de trépas; et j'vas aller me laisser mourir de soif, parce que de faim ça me serait impossible. (Il remonte.)

PIVOINE, allant à lui et le faisant redescendre.

Patoulet vous n'êtes qu'un imbécile!... D'abord je ne sommes pas encore mariée... et puis, quand je l'serions, ça empêchont-il de se voir et de s'estimer?... (Elle le pousse.)

PATOULET.

Dam!... puisqu'on me chasse d'ici?...

PIVOINE.

Eh ben! faut avoir l'air de ne plus penser à moi... faut avoir l'air de penser à une autre... et tenez, justement, v'là Jeanne, ma cousine, qu'est arrivée de Paris...

PATOULET.

Oui, mon parrain me l'a dit.

* Piv. Pat.
** Pat. Piv.
*** Piv. Pat.

PIVOINE.

Eh ben ! tournaillez autour d'elle... dites-y que vous l'aimiez
autrefois... On croira que vous avez des intentions de dessus
elle... et nous pourrons toujours nous voir... (Mouvement de Patoulet.) ben innocemment !

PATOULET, avec joie.

Oh ! oui !... Oh ! bon ! je comprends... est-elle malicieuse !...
J'vas dire à vot' cousine que... (il l'embrasse.)

PIVOINE, passant à droite *.

C'est ça !...

PATOULET.

Tandis que c'est vous qui... (il l'embrasse.)

PIVOINE.

Vous comprenez...

PATOULET.

Et tout le monde croira que... (il l'embrasse.)

PIVOINE.

Vous y êtes !...

SCÉNE XI.

Les mêmes, ANATOLE, puis JEANNE.

ANATOLE, entrant par le fond ; il vient par la colline et voit le baiser **.

Ah ! qu'est-ce que je vois ?...

PIVOINE, à part.

Oh !...

PATOULET, à part, s'éloignant à gauche.

Aïe ! aïe !...

ANATOLE, descendant.

Mademoiselle Pivoine, pourriez-vous me dire quel est ce baiser ?

PIVOINE, un peu troublée.

J'allons vous dire, M. Anatole, — c'est Patoulet, not' voisin...
qui est amoureux de ma cousine Jeanne qui vient d'arriver...

PATOULET, à part.

Oh ! bon ! v'là la farce qui commence.

PIVOINE.

Et il m'embrassiont pour me remercier... parce que j'ons
consenti de causer de lui à ma cousine.

PATOULET.

Oui, c'est à cause qu'elle va causer de moi que je causions en
l'embrassant.

ANATOLE.

Ah ! ça s'explique... (à part.) Pauvres enfants !... et moi qui
les soupçonnais !... C'est la pureté antique ! (haut.) Ah ! c'est pour
la cousine Jeanne ?...

* Pat. Piv.
** Pat. Ana. Piv.

PATOULET.

Eh! oui, c'est pour la cousine Jeanne!

JEANNE , appelant du dehors.

Pivoine!... Pivoine!

PIVOINE.

C'est elle!... (Patoulet remonte, et redescend à droite, à l'entrée de Jeanne.)

JEANNE *, habillée en paysanne, et sortant de la maison à droite.

Là! v'là qui est fait... Tiens! tu n'es pas seule?...

PIVOINE , bas.

C'est le Parisien... (Haut.) M. Anatole... dont mon oncle t'a parlé.. (A Anatole.) Ma cousine Jeanne...

ANATOLE , saluant.

Mademoiselle... enchanté...

JEANNE , saluant aussi.

Et moi aussi, Monsieur... Ah! ah! ah! (Bas à Pivoine.) Dieu a-t-il l'air jobard!

ANATOLE , bas à Pivoine.

Elle est fort bien... elle est très-gentille... et très-gaie!

PIVOINE , bas.

Elle est contente, parce que Patoulet est là! (Haut.) N'est-ce pas, cousine, que t'es toute joyeuse de revoir ton amoureux?

JEANNE , qui ne comprend pas les signes que lui fait Patoulet.

Mon amoureux?...

PIVOINE , bas à Jeanne.

Dis comme moi... je t'expliquerai tout...

PATOULET , bas.

C'est une frime,.. à cause de l'autre...

JEANNE , à part.

Tiens! tiens!... mais c'est très-fort pour des Berrichons.

ANATOLE , passant près de Jeanne **.

Oh! oui, mes chers amis, laissez vos cœurs s'épanouir, et ne comprimez pas les doux élans de l'amour!.... Laissons l'astuce et la pruderie aux gens des villes; mais nous, soyons tous ici les enfants de la nature!...

PATOULET.

Oh! oui! oh! oui! épanouissons-nous!... Ah! mam'zelle Jeanne que je vous aime-t'y! que je vous aime-t'y!...

JEANNE , à part.

Et l'autre imbécile qui ne s'aperçoit de rien! Voyons jusqu'où ça ira!

Air : *Des deux lions râpés.*

ANATOLE , à Pivoine.
Aimons-nous, ma belle,
A la clarté des cieux!

PATOULET.
Aimons-nous, Mam'zelle;

* Ana. Piv. Jea. Pat.
** Piv. Ana. Jea. Pat.

Je suis tout amoureux.

JEANNE, à Patoulet.

J' défends pas qu'on m'aime.

PIVOINE, à Anatole.

Je le permets itou !

PATOULET.

Ah ! je bois d' la crème !

ANATOLE.

Le bonheur me rend fou !

ENSEMBLE.

O plaisir extrême !
Il faut en ce jour,
Du cœur qui nous aime
Partager l'amour.
Oh ! oui ! (*bis.*) quel doux avenir
Oh ! oui ! (*bis.*) à nous vient s'offrir !

(À la fin de ce morceau, Anatole et Patoulet se sont mis aux genoux de Pivoine et de Jeanne.)

TAUPIN, criant très-fort dans la coulisse.

Eh ! Filliote ?... où c'que t'es donc ?

PATOULET.

Le père Taupin ! — Ensauvons-nous !...

PIVOINE ET JEANNE.

Sauvons-nous ! (Pivoine et Jeanne rentrent en courant dans la maison à droite. — Patoulet se sauve par le deuxième plan, à droite. — Anatole, sans s'apercevoir de leur départ, reste à genoux.)

SCÈNE XII.

ANATOLE, TAUPIN.

TAUPIN, entrant par le fond, à droite. — Il vient par la colline. — A part.

Elle vient de filer... (Haut, à Anatole qui est toujours à genoux.) Ah ! vous v'là seul.... je m'en doutais ben... j'ai à vous parler...

ANATOLE, se relevant et lui serrant la main.

Ah ! mon ami !... mon oncle !... mon père !... Je suis le plus heureux des jeunes gens du hameau ! Elle m'aime !...

TAUPIN.

Ah ! bah !...

ANATOLE.

Son regard, son émotion, son fichu... tout a trahi le secret de son cœur !

TAUPIN.

Ah ! mon gas !... vous l'avez ben vite ensorcelée... Je ne vous l'aurions pas dit, mais je m'en doutions ; vous êtes d'une belle venue, vous ! et la petite a du goût.

ANATOLE.

Alors il n'y a plus d'obstacle à notre union ?

TAUPIN.

Dam! il y a gros à parier que ça peut se faire...Voyons, qu'est-ce que vous baillez de dot à la petite?...

ANATOLE.

Comment ce que je... c'est moi qui dois?..

TAUPIN.

Dam! elle n'a rien, cette chère enfant, que sa vertu...et, pour l'épouser, faut lui reconnaître un petit avoir.

ANATOLE.

Vous avez raison, c'est paternel, c'est prudent!... Combien lui reconnaissons-nous?...

TAUPIN.

Dam! j' crois qu'une quinzaine de mille francs...

ANATOLE.

Je lui en reconnais vingt, père Taupin!

TAUPIN.

A votre aise!... va pour vingt!...

ANATOLE.

Alors, c'est une affaire conclue?

TAUPIN.

Dam! c'est quasiment fait... car pour ce qui est de moi, ben que j'ons élevé l'enfant, que je l'ons nourrie, éduquée, je ne demandons rien pour tout ça; je n'ons fait que mon devoir... et c'est là-haut qu'on m'en récompensera!

ANATOLE, lui serrant la main.

Oh! digne homme!... (à part.) Allez donc chercher un langage comme celui-là, rue Saint-Honoré!... hôtel du Louvre!...

TAUPIN.

Seulement... je vas vous dire... il y a ce champ de blé.... Avez-vous vu ce champ de blé qui longe mon petit bois?...

ANATOLE.

Oh!... je l'ai vu... sans le voir...

TAUPIN.

J'avais ben envie de l'acheter avec mes économies... mais la petite m'a coûté si cher!... et si vous trouvez que j'l'ons bien gagné...

ANATOLE, lui pressant la main.

Assez, cher oncle!... Je vous dois mon bonheur, vous aurez votre champ de blé!... Qu'est-ce que ça peut valoir?...

TAUPIN.

Oh! c'est pas le Pérou... pour cinq ou six mille francs... huit au plus, vous en verrez l'affaire.

ANATOLE.

Tiens! mais le terrain se vend bien dans ce pays-ci? allons!... vous êtes satisfait à présent!

TAUPIN.

Oh! mon Dieu oui... Cependant je fais une réflexion...

ANATOLE.

Quoi donc?

TAUPIN.

Vous me mettez dans l'embarras... Quand j'aurons des blés, faudra les rentrer...

ANATOLE.

Naturellement !

TAUPIN.

C'est qu'alors ma grange sera trop petite....

ANATOLE.

Oh !... en les tassant...

TAUPIN.

J'aurons beau les tasser... Et si vous pouviez m'aider à y construire une autre aile... ça ferait bien mon affaire.

ANATOLE, à part.

Diable ! il ne s'endort pas le père Taupin !... Après tout, il ne comprend pas que c'est un peu indiscret...

TAUPIN.

Ah ! après ça, si vous croyez que ça soit de trop.

ANATOLE.

Du tout ! du tout ! va pour l'aile !

TAUPIN.

Allons, bon !... v'là qu'est fait... J'avions idée d'y ajouter aussi un petit premier.

ANATOLE.

Un petit premier ? (a part.) Mais c'est une maison qu'il se construit là !...

TAUPIN, vivement.

Oui... afin de vous y loger avec ma nièce quand elle sera vot' femme.

ANATOLE, ravi.

Oh ! du moment que c'est pour un pareil motif, père Taupin, va pour le petit premier !... Nous viendrons, ma femme et moi, vous y demander l'hospitalité... (Fredonnant.)

TAUPIN, d'un air patelin.

Oh ! soyez tranquille, je ne vous louerons pas ça cher.

ANATOLE.

Hein ?...

TAUPIN, très-vivement.

Nous nous arrangerons toujours... c'est dit : tapez là... Je vas faire écrire tous ces petits articles-là...

ANATOLE.

Ah ! vous allez faire écrire ça ?

TAUPIN.

Entre braves gens, il n'y a qu'une parole.

Air : *Friandise* (Royaume du calembour.)

Je présage
Qu'en ménage
Tous deux

Vous serez heureux ;
Car, d'avance,
Par prudence,
Tout est vu,
Tout est prévu.
Ma nièce est presque ma fille,
Je dois prendre, en ce cas là,
L'intérêt de ma famille.

ANATOLE , à part.

S'il ne prenait que cela !

REPRISE ENSEMBLE.

TAUPIN.

Je présage , etc.

ANATOLE.

Je présage
Qu'en ménage,
Tous deux,
Nous serons heureux, etc.

(Taupin sort par le fond, à gauche.)

SCÈNE XIII.

ANATOLE, seul.

Il sait compter, le père Taupin !... Il est vrai qu'il demande ça avec une candeur !... ces villageois ont une naïveté dange-reuse... C'est égal, il sait compter. — Mais tout cela ne peut pas altérer mon amour pour Pivoine... il n'y a dans le cœur de cet ange, ni calcul, ni ambition..., il n'y a que le besoin d'aimer, et elle m'aime pour moi-même !... (S'asseyant sur les foins à gauche.) mais le père Taupin ne s'endort pas... A propos de dormir, si je faisais ma sieste... ça doit être bon de siester dans les foins... (Il s'étend sur les foins et se dispose à dormir.)

SCÈNE XIV.

ANATOLE, caché dans le foin, PIVOINE et JEANNE, sortant de la maison, à droite, et causant toutes deux.

PIVOINE, entrant la première.

Laisse-moi tranquille.

ANATOLE, à part.

Ma colombe !

JEANNE, à Pivoine.

Non ! non !... je ne te laisse pas, et j'exige que tu t'ex-pliques.

PIVOINE.

Mais je n'ons rien à dire que tu ne saches... M. Anatole est venu s'installer ici... il est devenu amoureux de moi ; il m'a fait

la cour, il n'est pas beau, mais comme il a des écus, je l'é-
pouse.

ANATOLE, à part, se mettant sur son séant.

Hein?... (Il prête l'oreille.)

JEANNE.

Mais Patoulet?

PIVOINE.

Patoulet m'aimait, j'aimais Patoulet, mais comme il n'a rien,
je ne pouvons pas l'épouser.

ANATOLE, à part.

Ah!!...

JEANNE.

Très-bien!... Et pour ne pas perdre tout à fait M. Patoulet,
qu'on aime toujours, et pour sauver les apparences, on lui a dit
de me faire la cour; de cette manière, on ménage le futur et
on garde son amoureux.

PIVOINE, baissant les yeux.

Dam!... on fait ce qu'on peut.

ANATOLE, à part.

Oh!!!

JEANNE.

Quant à ton oncle, lui, pourvu qu'il attrape au Parisien quelque bon morceau de terre, il se moque du reste.

PIVOINE.

Ah! dam! pour ça, c'est pas mon affaire.

ANATOLE, à part.

Ah!!!...

JEANNE.

Mazette!... comme vous y allez, dans le Berry!...

PIVOINE.

C'est bon! après? Où veux-tu en venir?

JEANNE.

Je ne veux pas servir plus longtemps de chaperon à tes
amours; je prétends ne pas assister aux petites rou-eries de notre
cher oncle; et comme je finirais par éclater et par dire tout au
Parisien, j'aime mieux faire mes paquets et m'en aller.

PIVOINE.

A ton aise!

ANATOLE, à part.

Elle a du bon, la cousine! — Mais l'autre! celle que j'appelais
ma colombe!... Ah!

ENSEMBLE.

Air : Souvent arrière. (Nargeot.)

PIVOINE.
Je brave les discours;
Oui, la candeur naïve,
La vertu primitive,
En ces lieux régneront toujours;

Entre nous, c'est fini,
Bien fini...
Loin d'ici,
Fuyant nos bois charmants,
Prends donc la clé des champs.

JEANNE.

Respectant tes amours
Et ta candeur naïve,
Ta vertu primitive,
Je te dis adieu pour toujours;
Entre nous c'est fini,
Bien fini;
Loin d'ici,
Fuyant vos bois charmants,
Je prends la clé des champs.

(Jeanne sort par la maison à droite.)

ANATOLE, se montrant.

Ah! c'est comme ça!... (Pivoine, en le voyant, pousse un cri et se sauve par le fond à gauche.)

SCÈNE XV.

ANATOLE, seul, avec indignation.

Oh!... oh!! oh!!! quelqu'un viendrait me dire : Monsieur vous avez les cheveux tout blancs, que je répondrai : parbleu, Madame, on les aurait à moins, car jamais stupéfaction n'égala la mienne !... Et dire qu'on vous berce avec Florian, qu'on vous sèvre avec Virgile, et qu'on vous corrompt avec madame Deshoulières !... Raillerie! imposture !... Le berger est une mystification, et la bergère n'existe qu'en porcelaine ! Arrière, paysans qui vivez dans les foins et dans le mensonge ! Arrière, filles des champs, qui cachez la rouerie dans vos sabots! place ! place aux femmes des villes qui ont le courage de leur opinion !...

SCÈNE XVI.

ANATOLE, TAUPIN, LALOUETTE, avec son fusil.

(Taupin et Lalouette entrent par le fond, à gauche. Taupin tient un papier à la main.)

TAUPIN, entrant.

V'là une affaire qu'est bâclée... ça n'a pas été long.

ANATOLE, à part.

Voilà mon filou!... Comment vais-je m'y prendre pour l'envoyer promener, sans blesser les convenances.

TAUPIN, à Anatole.

Je vous apportons, mon cher neveu, nos petites conditions griffonnées par le père Lalouette... (Lui remettant le papier qu'il tient.) Avant que j'aille faucher mon pré, si vous voulez jeter un œil là-dessus, je crois ben que nous sommes d'accord et qu'il n'y a rien d'oublié... (Il va prendre une faux, qui est dans le coin à gauche, près des foins, et se met à la repasser, tout en se rapprochant d'Anatole.)

ANATOLE, lisant le papier.

Entre les soussignés, etc. (Parle.) Qu'est-ce que je vois?... La maison a deux étages, à présent?...

TAUPIN.

Ah! oui... j'ai ajouté un étage de plus... parce que j'ai pensé que vous seriez trop à l'étroit... Dam (Souriant.) dam, vous pouvez avoir des enfants...

ANATOLE.

Père Taupin, cette attention me touche ; (Il lui rend le papier.) il n'y a rien d'oublié... au contraire! seulement, je demande à retarder un peu l'instant de mon bonheur... il faut que je parte tout de suite pour Paris.

TAUPIN.

Hein? qu'est-ce à dire?

LALOUETTE.

C'est bien drôle ce voyage-là!

ANATOLE.

Je viens de recevoir un billet de garde et il faut que j'aille remplir mon devoir de citoyen.

TAUPIN, approchant sa faux sous le nez d'Anatole.

Ah, ça! dites donc, mon neveu, est-ce que vous balance-riez?...

ANATOLE.

Moi!... par exemple!... (Repoussant la faux.) Éloignez donc un peu votre instrument... il me gêne sous le nez...

LALOUETTE, jouant avec le chien de son fusil, qu'il approche d'Anatole.

Est-ce que vous vous retourneriez?

ANATOLE.

Quelle idée!... (Il repousse le fusil.) Éloignez donc votre cara-bine... ça peut partir... et c'est malsain...

TAUPIN, même jeu plus accusé.

C'est que si, après avoir compromis not' nièce, vous renâcliez... ça finirait mal, savez-vous, ça!... quand on a compromis une jeune fille, il faut la décompromettre!... faut lui rendre l'hon-neur.

ANATOLE, s'éloignant de lui, et trouvant sous son nez le fusil de Lalouette.

Je ne renâcle pas!... je n'ai jamais renâclé!... (A part.) Ils m'as-sassineraient, les gueux!

TAUPIN.

Et faut épouser la petite dans huit jours... (Il frappe le manche de sa faux par terre et attrape le pied d'Anatole.)

LALOUETTE, même jeu, avec son fusil.

Dans huit jours, au plus!

* Tau. Ana. Lal.

ANATOLE, *criant.*

Tout de suite, si vous voulez !... vous avez une manière de décider les gens...

TAUPIN, *remettant sa faux en place.*

Alors, je vas porter nos petites conditions au notaire ; allez vous requinquer pour que j'allions tout à l'heure signer le contrat.

ANATOLE.

Je vais aller me faire bien joli ; — bien joli... bien joli !... (Il lui serre la main.) Père Taupin... je ne vous dis que ça !... (De même à Lalouette.) mon cher Lalouette... je vous en dis autant... (A part.) voilà deux vieilles canailles !... (Il remonte vers la maison de gauche.)

TAUPIN *.

A la bonne heure.

ANATOLE, *à part, près de la maison.*

Mes jours ne sont plus en sûreté ici... abritons-les !... Voilà deux vieilles canailles ! (Il entre dans la maison de gauche.)

SCÈNE XVII.

TAUPIN, LALOUETTE, puis PIVOINE.

TAUPIN.

Il n'y a pas de temps à perdre pour unir ces enfants, père Lalouette ; mon neveu s'est beaucoup refroidi.

LALOUETTE.

Oui, mais vous n'avez pas fait une mauvaise affaire, vous ; vous venez encore de gagner un étage ; vous vous arrondissez.

TAUPIN.

Eh ! mon Dieu ! c'est pour le bien de ces chers enfants que je m'arrondis... Je leur laisserai tout ce que j'ai après ma mort.

LALOUETTE.

Faut convenir que j'ons joliment poussé à la roue ? Hein ?...

TAUPIN.

Ah ! pour ça !... c'est vrai !... vous êtes un brave homme, père Lalouette ; je l'ons toujours dit.

LALOUETTE.

Et ça m'a fait penser à m'arrondir aussi. — Vous savez ben votre petit champ qui est à côté du petit lopin de terre que vous m'avez donné...

TAUPIN, *à part.*

Je le voyons venir... (Haut.) Oh !... c'est d'un ben mauvais rapport !

LALOUETTE.

C'est vrai, vous n'en faites pas grand'chose ; mais si je l'avions, moi, j'y ferions venir des navets.

TAUPIN.

Je crois plutôt que ça serait des carottes.

* Ana. Tau. Lal.

LALOUETTE.

Peut-être ben!... et je compte dessus ; vous qu'êtes riche à c'tte heure... qui avez une maison à deux étages, vous pouvez ben me bailler ça?...

TAUPIN, à part.

Il me ruine... Quel gredin!...

PIVOINE, entrant par le fond, à gauche, à part *.

Voilà mon oncle... le Parisien lui a-t-il parlé?... Sait-il ou ne sait-il rien?...

TAUPIN, allant à elle **.

Ah ! v'la ma nièce... Il faut, ma fille, aller tout de suite t'attifer... mettre ton plus beau bonnet... parce que nous allons signer le contrat tout à l'heure.

PIVOINE.

Vraiment?... (A part.) Il ne sait rien.

TAUPIN.

Faut chauffer ça dru !... ne perds pas de temps, ton futur se refroidit.

PIVOINE.

J'allons aller m'attifer tout de suite. (Elle entre dans la maison de droite.)

TAUPIN ***.

Venez avec moi chez le notaire, père Lalouette ; vous serez le premier témoin.

LALOUETTE.

Et, en même temps, je causerons du petit champ de navets?...

TAUPIN.

C'est-à-dire de carottes?...

LALOUETTE.

Eh ! mon Dieu !... c'est toujours des légumes.

TAUPIN, d'un air narquois.

Oui, c'est toujours des légumes!... (A part.) Quel vieux grippe-sous !... (Haut.) Allons, venez... (Ils sortent bras dessus bras dessous, par le fond, à gauche.)

SCÉNE XVIII.

ANATOLE, puis JEANNE.

ANATOLE, seul, sortant de la maison de gauche, en costume de ville, et apercevant Lalouette et Taupin qui s'en vont.

Partis... ah!... J'ai déposé mes insignes de berger, j'ai repris mon paletot-Humann, et je prends, comme on dit, mes cliques et mes claques. (Il remonte.)

* Tau. Pat. Piv.
** Pat. Tau. Piv.
*** Pat. Tau.

JEANNE, sortant de la maison de droite, en costume de ville *.

J'ai quitté mon costume de villageoise, et je reprends bien vite la carriole pour filer vers Paris...

ANATOLE, la voyant, à part.

Mais quelle est cette dame ?... (Il redescend.)

JEANNE, le voyant aussi, à part.

Un étranger ?... Quel est ce monsieur ?...

ANATOLE, à part.

Bigre ! tournure élégante... taille bien prise... et le reste... fort remarquable !...

JEANNE, à part.

Cette figure originale ne m'est pas inconnue.

ANATOLE, saluant.

Madame !...

JEANNE, rendant le salut.

Monsieur !...

ANATOLE, à part.

J'ai déjà vu ce profil-là...

JEANNE, haut.

Ah ! mais, j'y suis !... c'est le futur de Pivoine !...

ANATOLE.

Ah ! sacrebleu ! je la remémore !... C'est la cousine Jeanne !

JEANNE, lui riant au nez.

Ah ! ah ! ah ! ah !

ANATOLE, à part.

Elle est toujours fort gaie...

JEANNE.

Quelle métamorphose ! vous n'êtes donc plus un pastoureau ?

ANATOLE.

Non, j'ai renoncé aux bucoliques, j'ai déposé ma houlette.

JEANNE.

C'est comme moi, je reprends mon costume de ville que j'avais quitté pour ne pas vous effaroucher.

ANATOLE.

Ah ! bah ! vous êtes de Paris ?

JEANNE.

Comme vous, et j'y retourne...

ANATOLE.

Comme moi... Ah ! j'ai assez des robes de bure... j'en ai même trop... Oui ! je reviens aux robes de soie... Plus de cornettes !... hourra pour les chapeaux avec des fleurs dessus... Ah ! sapristi ! une idée !...

JEANNE.

Qu'est-ce ?...

ANATOLE.

Vous me faites l'effet d'une bonne fille, vous, vous êtes rieuse... moi aussi... j'aime à rire... voulez-vous rire avec moi ?

* Ana. Jea.

JEANNE.

Ah çà! plaisantez-vous?...

ANATOLE.

Du tout!... J'ai quelque fortune... je vous ramène à Paris... je vous dépose au débarcadère... et, le lendemain, pour cimenter une liaison de plaisir et de pas échevelés, je me fends... (A lui-même.) Bah! ne lésinons pas!... (Haut.) je me fends d'un de l'Inde!...

JEANNE.

Plaît-il?...

ANATOLE.

D'un cachemire des Indes!... des Indes!... Où demeurez-vous, que je vous en fasse l'expédition?

JEANNE.

Voici mon adresse!... (Elle lui donne un soufflet.)

ANATOLE, passant à droite*.

Aïe!... sacrelotte!... c'est comme à l'Opéra...

JEANNE.

Attendez donc... au foyer!

ANATOLE.

Je reconnais cette gifle-là!... j'en ai reçu une toute semblable en offrant un Biétry!...

JEANNE.

Un Biétry!... Comment, c'était vous?

ANATOLE.

C'était moi.

JEANNE.

Et c'est à vous que j'ai donné?...

ANATOLE.

C'était à moi.

JEANNE.

Eh bien! mon cher Monsieur, vous n'oublierez pas mon adresse... je vous l'ai donnée deux fois.

ANATOLE.

Ah! çà! qu'est-ce que ça signifie?... je me fends d'un de l'Inde et...

JEANNE.

Mais, Monsieur... pour qui prenez-vous donc les femmes?... croyez-vous qu'il suffit de nous proposer des bijoux ou des cachemires, pour que nous nous laissions toutes séduire?... mais si vous détestez tant les femmes de la ville, c'est votre faute à vous, Messieurs... car celles qui sont compromises, c'est votre ouvrage!

ANATOLE, à lui-même.

En y réfléchissant... au fait... elle a raison... (Haut.) si je vous demandais pardon...

* Jea. Ana.

JEANNE.

Je vous pardonnerais... ah ! je suis bonne !... Je l'avoue, j'aime le plaisir et la danse, j'aime qu'on me fasse la cour, qu'on me trouve jolie et qu'on me le dise... mais cela n'empêche pas d'être sage...

ANATOLE.

Comme ça vous n'avez jamais eu d'amoureux ?

JEANNE.

Si fait ; j'en ai eu trois.

ANATOLE.

Diantre !... du moins vous avez le mérite de la franchise... vous ne gazez rien !

JEANNE.

Pourquoi me cacherais-je d'avoir eu des soupirants ? — Le premier était un lieutenant de hussards.

ANATOLE.

Joli corps !...

JEANNE.

Le second était capitaine de dragons...

ANATOLE.

Grosse cavalerie... corps estimable !

JEANNE.

Le troisième était un lancier...

ANATOLE.

Encore un militaire ?... toute l'armée alors !...

JEANNE.

Mais, comme ces Messieurs, en me parlant d'amour, passaient devant la mairie, sans vouloir y entrer... je les ai mis poliment à la porte...

ANATOLE, avec enthousiasme.

Une femme qui a résisté à toute l'armée française !... ô Pénélope !... Citadelle !... Strasbourg !... Silistrie !... (Avec calme.) C'est là toute la nomenclature de vos adorateurs ?...

JEANNE.

S'il y en avait d'autres... pourquoi m'en cacherais-je ?...

ANATOLE.

C'est vrai, au fait... (Solennellement.) Mademoiselle...

JEANNE.

Monsieur !...

ANATOLE.

Vous m'allez... ne m'interrompez pas... Vous m'allez... que diriez-vous, si on vous demandait votre main ?

JEANNE.

Dam !... cela dépend... Je verrais... je réfléchirais...

ANATOLE.

Eh bien ! je vous la demande !

JEANNE.

Hé bien ! j'accepte !

ANATOLE.

J'aime cette candeur; voici ma main... (Il lui tend la main.)

JEANNE, lui donnant la sienne.

Voici la mienne!... Vous m'avez l'air d'un bon garçon... un peu original, mais franc et loyal; et je ne crois pas faire un mauvais choix.

ANATOLE.

Eh bien! partons tout de suite!

JEANNE.

Dans cinq minutes nous serons sur la route de Paris...

ENSEMBLE.

Air : *Tin, tin tin*. (Madame Marnette.)

Ou : *Bien, bien, tout ira bien*. (Caméléon.)

Allons,
Vite, partons!
Ayons confiance
En notre destin;
D'ici partons enfin,
Et bonne espérance
En chemin!

SCÈNE XXI.

LES MÊMES, TAUPIN, LALOUETTE, PIVOINE, en toilette, PATOULET.

(Taupin, Lalouette et Patoulet arrivent par le fond à gauche; Pivoine sort de la maison de droite.)

TAUPIN *, endimanché.

Allons! allons! père Lalouette; allons, Pivoine... faut pas lambiner... le notaire nous attend.

ANATOLE, à part.

Le père Taupin! il arrive bien.

LALOUETTE.

Patoulet sera le garçon d'honneur, il n'a pas de rancune.

TAUPIN, à Anatole.

Nous venons vous chercher, mon cher neveu.

ANATOLE.

Je suis prêt, mon cher oncle, à épouser votre nièce... Seulement, au lieu de l'une, j'épouse l'autre. (Il montre Jeanne.)

TOUS.

Hein?

TAUPIN, à Jeanne.

Comment!... qu'est-ce encore à dire? T'es pas encore partie, toi?...

* Jea. Ana. Tau. Piv. Lal. Pat.

JEANNE.

J'attends mon futur.

TOUS.

Son futur ?...

TAUPIN.

Il épouse c'tte mijaurée ! Ah ! ça ! quéqu' ça signifie ?

ANATOLE.

Vous m'avez dit tantôt, mon cher oncle, quand on a compromis une jeune fille, faut la décompromettre... il faut lui rendre l'honneur !...

TAUPIN.

C'est vrai ! et je le dis encore !

ANATOLE.

Eh bien ! comme j'avais compromis, au bal de l'Opéra, mademoiselle Jeanne, avant de compromettre ici mademoiselle Pivoine ; la première compromise doit l'emporter... elle a des droits.

PIVOINE.

Quelle horreur !

TAUPIN.

Ah ! mais, jarni, je n'entends pas de cette oreille-là !... j'ai dit ça pour Pivoine...

ANATOLE.

Mais apaisez-vous !... vous aurez toujours le champ de blé.

TAUPIN.

Et les deux étages ?

ANATOLE.

Oh ! deux... j'en donne un.

TAUPIN.

Hein ?...

ANATOLE, montrant Jeanne.

Eh bien ! ma femme vous donne l'autre.

TAUPIN, à Pivoine.

Au fait, ma fillotte, il a raison, ce jeune homme... ce que j'ai dit, je l'ai dit, je ne suis pas homme à me démentir... et puisqu'il a compromis Jeanne avant toi... faut bien qu'il épouse Jeanne.

JEANNE.

L'oncle Taupin entend très-bien la raison.

ANATOLE.

Et même je sais que mademoiselle Pivoine a compromis M. Patoulet... il faut qu'elle lui rende l'honneur... et je crois qu'on ferait bien de les unir.

TAUPIN.

Je n'y vois plus d'empêchement.

LALOUETTE.

Ni moi.

PIVOINE, baissant les yeux.

Ni moi. (Lalouette la fait passer près de Patoulet.)

PATOULET*.

Ni moi!... je la r'épouse!

ANATOLE.

Touchant accord! (A Jeanne.) Ma belle fiancée, partons!

JEANNE, allant à Taupin.

Adieu, mon cher oncle.

TAUPIN**.

Adieu, mes enfants.

LALOUETTE, bas à Taupin.

Dites donc? vous avez toujours vot' champ, vous?... et moi, qué que j'aurons?...

TAUPIN.

Vous aurez le droit de faire votre cadeau de noces à la mariée.

LALOUETTE, à part.

Quel cancre!

ANATOLE.

C'est bizarre... je viens ici pour épouser une fille des champs, et j'épouse une femme de la ville.

CHŒUR FINAL.

Air de J. Nargeot.

Plus de ruses, de soucis!
Plus de soupçons, de surprise!
Que l'amitié, la franchise
D'ici ne soient plus bannis!

* Jea. Ana. Tau. Lal. Pis. Pat.
** Ana. Jea. Tau. Lal. Pis. Pat.